나는
나를 오래
바라보았다

서금숙 시집

상상인 시인선 078

너는 원을 두려워했고
나는 그게 나의 과실이었다는 걸 알았다

•본문 페이지에서 한 연이 첫 번째 행에서 시작될 때에는 〈 표기를 합니다.
•저자의 의도에 따라 작품의 보조 동사와 합성 명사는 띄어쓰기가 달라질 수 있습니다.

시인의 말

빛 드문 창가, 토마토 한 상자
하루를 더 두면

네가 말랑해질까 봐
나는 말이 많아질까 봐
물러지기 전에
상처 나기 전에
토마토를 조심스레 꺼낸다

초록이 익어가는 말들을 비로소 듣는다

차례

1부
흰 파도를 닮은 섬을 다 따오기를

속도 60	19
개밥바라기별	20
벽이 되어 버린 부인	22
시계꽃	24
정독도서관	26
그리움은 길을 묻는다	28
봄 상자	30
여기, 덩굴빵을 드릴게요	32
아리가 건네준 초록 사과	34
붐붐	36
올해도 파꽃이 피었습니다	38
강남 몽夢	40
백령도 따오기	42
오란비	44
팬닝	46

2부
달은 물방울을 피우는 꽃이 되었다

무너진 것들의 노래 　　　　51
모형 의자 　　　　52
라이브 공연 　　　　54
맥시칸모자꽃 　　　　56
감정의 거품 　　　　57
홀로그램 　　　　58
첫잠 　　　　60
버려진 집 　　　　62
로드킬 　　　　64
벚나무 아래 　　　　66
노랑할미새의 모닝빵 　　　　68
신자유주의 빵집 　　　　70
츄파춥스 신화 　　　　72
아버지의 외투 　　　　74
빈티지 　　　　76

3부
말이 글이 되고 말발은 뛰어간다

카오스의 딸	81
가방 안에는 낯선 길과 오랜 체온과	82
몸빵	84
엄마를 부르면 오는 달, 딸	86
지금 우린 아름다운 한 폭의 기억이야	88
바람을 물고 오월이 피면	90
의	92
엄마의 무게	94
시적 낭만	96
개똥 아비의 소원	99
후에야	100
크루아상은 울지 않는다	102
상황버섯	104
브레첼	106

4부
흰 목련이 터지기 직전처럼

바다를 타고 드는 잠	111
섬마, 설마	112
어이 어이	114
능이	116
뜨거운 공갈빵	118
블라인드	120
사막의 시간	122
산토리니 저녁 석양 한 컷	124
시작과 詩作	126
완두은하	128
프록시마 b	130
마장 호수	132
이스트의 꿈	134
이내	135
비단향꽃무	136
되풀이되는 별밤을 뒤적이며	138

해설 _ 안주와 탈주 사이에서 숙성되는 서정   141
황정산(시인, 문학평론가)

1부

흰 파도를 닮은 섬을 다 따오기를

속도 60

스쿠터를 타고 가다 머리부터 들이받았지
축구를 좋아하던 발목이 어긋났네
입사 날 받아놓고
남은 열흘 짓눌린 꿈을 찾아
바깥을 향해 달렸지

속도 60
밟아야 나간다고 믿었지
선이 바랜 과속방지턱
한순간에 바닥을 쳤네

부모에게 물려받은 몸과 **뼈**와 피부
낱낱이 흩어진 꿈방울을 철심으로 박았네
꿈꾸던 고래는 등 돌린 파도처럼 사라졌지

속도가 정지된,
멈춤의 해를 말없이 견뎠지

사람마다 다른 속도

그해 나의 속도 60은 사건 사고였지

개밥바라기별

개가 저녁밥을 바랄 무렵
물왕저수지로 서둘러 갔다

수면에 박힌 별 하나
엄마 곁에 따라붙고
쐐기풀이 우거진 둑방
무단결근처럼 사라진 이름

집회에서는 더 나은 노동을 외치고
출장 간 남편에게
짧은 메시지를 띄운다

학구열은 품바의 나날처럼
누더기처럼 깁고 덧댄 열정

지워지는 퇴근 기록
등을 펴자 별이 아파 보인다
정에 굶주린 별 하나 데리고
급히 차에 오른다
〈

그 순간도
곧 저물 것 같다

벽이 되어 버린 부인*
- 붉은 벽돌집

누군가의 얼굴이 벽돌 속에 남아 있다
햇빛 머금은 담장에 기대어
울던 입술의 온기까지
구름은 무심히 흘러가고
작은 저지는 생명의 첫맛을 준다
우리가 고요히 마시는 우유는 사랑이다
이곳엔 고욤나무 그림자가 머문다

어느 손이 새긴 흔적일까
금 간 사이로 수선화가 피어난다
그 알뿌리 아래 오래된 비밀
노란 수선화는
사랑의 시작, 기다림의 끝을 알린다

집이 서서히 어두워지고
벽은 말 대신 균열로 대답한다

돌보다 가벼운 마음으로
그녀는 천장을 자유롭게 오르내린다
손바닥만 한 홀트를 움켜쥔 채

로프에 매달려 피 말리는 투혼을 펼친다

벽돌은 연대를 기억하고
물 한 방울 적신 손가락으로
떨어진 몸들의 궤적을 새긴다

오랜 세월 바라보던 붉은 벽돌집
그녀의 손바닥 문신을 품은 집
나는 그 품에 안기고
무게는 나를 안는다

* 루마니아의 전설 '석공 켈레멘'에서 제목만 차용.

시계꽃

고양이에게 참치캔을 주고도 남은 시간
처리하지 못한 편린들을 땅에 묻는다

땅에 시달리고 경계에 끌려다녀도
바람은 싸리 빗자루 같은 통증을
느끼고 싶어 한다
화창한 일기를 저장하고 싶은
아까시나무는
고된 하루를 매만지는 비누 향을 꿈꾼다

내가 꿈꾸는 자리는 어디일까
일어나지 못한 요일들 속에서

수확의 기쁨을 맛보고 싶은 어린 모종은
아버지의 아픈 손가락이 된 지 오래다

세기말 사건이 터질 때마다
양각이든지 음각이든 어느 쪽에도
기대어 보지만
반쯤 오므린 햇살은 하품만 길게 늘어진다

〈
그림자가 어른거리는 땅속에서
뿌리를 뻗은 우수 어린 덩굴성
여러해살이풀이 구름을 화폭에 담아 간다

해 저문 공원에 나와 앉아
꽃이 된 이 순간
초심을 타전한다

나는 오늘
비정규직 꽃잎처럼
스스로를 떼어냈다

정독도서관

새벽 여섯 시, 고양이 세수를 하고
사람들보다 먼저 마음을 끌고 나왔다
생전 가보지 않은 구석을 향해
정독도서관으로 달렸다

창 쪽 자리가 좋았다
빛이 지나치게 쏟아지는 곳
누군가 꺼리는 그 자리에서
감정의 얕은 수면 아래 일렁임을 보고 싶었다
비늘이 돋기 전
미꾸라지처럼 나를 움직이고 싶었다

그곳은 지대가 높고
마음은 깊이 가라앉았다

줄을 서다 밀리면 사일구도서관에 들렀다
천오백 원짜리 장국수를 먹고
그늘진 책을 펼쳤다

꼭 해야 할 공부는

늘 내일로 미뤄둔 약속처럼 뒷전이었다
경복궁 담벼락을 따라 걷는 그림자가
다시 나를 정독도서관으로 데려갔다

저녁 무렵이 되어서야 흙탕물은 가라앉았다
물속에서 나를 읽어주는 빛,
푸르던 정독도서관

멜랑콜리를 흔들며 마음을 읽었다
나는 나를 오래 바라보았다

그리움은 길을 묻는다

코발트 블루로 시작한다
입술 없는 계절은 바람을 데리고 눈길을 걷는다

시나바 레드가 얼어붙은 손끝엔 오래된 불씨
한 줌의 울음이 꿈틀거린다 연보라가 지나간 집의 숨결 라일락 냄새는 문턱을 넘어 돌아오지 못한 이름을 부른다

청회색 눈길을 걷는 그녀는 자신을 지워가는 길을 바라본다 눈은 가만히 그 위에 덧칠된다

하얀 분장을 한 거리의 악사가 연주를 시작한다
나무에 걸친 이야기가 살아나고 땅 위에 남은 발자국은 모든 걸 잊고 싶어 한다

눈처럼 깨어난 페이로드 동굴 속에 남아 있던 아이가 탈출했다 불빛이 새어 나오는 집을 향해 나아간다 손이 꽁꽁 얼어 터질 때 불덩어리 한 주먹을 호호 불면 꿈들이 자꾸 자란다
〈

칠흑의 인디고 문이 닫힌다
빈 곳을 채우던 색이 말을 끝낸다 눈길만 남는다

봄 상자

주소를 들고 먼 길을 달려온
택배 상자에서 봄이 쏟아진다
묵은 된장, 왜간장, 깻잎, 파김치
내 입맛을 눈치챈
두릅으로 빈틈을 채우고

봄바람은 새순 따 가라 손짓만 하다
가시를 세웠을까
두릅 한 움큼 꺼내다 손을 찔렸다

고개를 넘고 한나절
밭두둑에 쪼그려 앉은
언니의 무릎이 애틋해진다

입맛 잃은 엄마께 냉잇국 끓이고
홀로 사는 동생 외로움도 챙기며
부추 심고 콩 심어 이룬 배추 고랑엔
알뜰한 언니의 슬하가 묻어난다

내 안에도

언니가 심어 놓은 다보록한 홑잎 나물처럼
연한 봄이 자란다

그 봄이
나를 키우면 무럭무럭 언니가 핀다

여기, 덩굴빵을 드릴게요

 사원 3차 면접, 가족과 함께한 기억 중에 가장 사랑받았던 이야기를 하라는 질문, 긴장한 탓에 질문을 놓쳤다 머뭇거리다 문득 떠올랐다 덩굴손이 건네주던, 달콤한 빵 한 조각
 그 순간 세 명의 면접관이 일제히 밀의 속삭임 속으로 빨려들었다

 신의 손길이 메마른 땅에 닿아 덩굴은 자랐다 아침부터 밤늦게까지 쉴 틈 없이 일만 했다 덴 손, 곰보빵의 거친 주름보다 더 깊게 팬 손바닥 그러나 멈추지 않았다 신의 숨결이 스며든 빵이 세상 밖으로 널리 퍼져 나갈수록 덩굴은 울창해졌다 더울 땐 그늘이 되고, 추울 땐 온기가 되었다 덩굴은 목숨보다 소중한 가족을 위해 빵 속 깊이 뿌리를 내렸다 더 많은 빵에 묻혀 살면서도 세상 밖으로 한눈 한 번 팔지 않았다

 세상은 여전히 날카롭고 바람은 거세지만 덩굴은 나의 손을 잡고 목말을 태웠다 나는 덩굴짐을 벗어나 더 깊은 숲으로 달려갔다
 〈

네 번의 취직 시험에 떨어졌다 아침 여섯 시부터 다음 날 새벽까지 택배회사 이동의 신전에서 일했다 신들의 메시지를 전하려면 빠른 발과 날개 달린 신발이 필요했다 때로는 신과 인간을 연결하는 이동자처럼 분초를 다투며 달려야 했고 하늘이 노랗고 눈앞이 캄캄했다 다리는 엉켜 금방이라도 부러질 것 같았다

그러나 나는 알고 있다 이 깊고 깊은 길을 지나면 내가 만든 달콤하고 폭신한 빵숲이 있다는 것을

아리가 건네준 초록 사과

너의 세계를 찾아 떠난다

목소리가 닿지 않는 동그라미 안에서
침묵이 공전하는 소리가 들린다
베란다에 깔깔이 커튼이 드리워지고
햇살은 그 사이로 고요히 잠든다

뱀의 허물처럼 거미줄이 벽을 타고 오를 때
집과의 거리는 점점 멀어졌고
너는 단순한 방정식처럼 나를 놓친다
책상 위에 놓인 문장은 무겁게 기울어졌다
무너진 문턱 너머로 사원의 그림자가 다가왔다

얼음을 깨듯, 다시 시작해야 했다
기도는 유리병 속에서 부유했고
엄마는 나를 장바구니에 담아 시장으로 데려갔고
그 손끝은 구겨진 나를 펼쳐 보려 했다
잉크가 묻은 손은 쉽게 닦이지 않았다

사개농의 자개 빛을 품었던 눈

견출지에 선명한 이름을 적도록
이력서 가장자리에 아버지처럼 비쳐도
암포젤엠을 손바닥에 올려두어도
농이라는 위로, 한 마디에 사그라지는 위액

너는 원을 두려워했고
나는 그게 나의 과실이었다는 걸 알았다
초록 사과를 베어 문다
우울의 단면이 쪼개지는 소리가 난다

쓸쓸에 사과나무를 심는다
그 아래에서 너라는 초록을 기다린다

붐붐

바람 든 오렌지가 가벼워진다
골다공중이라는 바람의 전언에
나도 가벼워진다

오렌지 속처럼 빼곡했던 집이 가벼워진다
뼈를 묻겠다고 다짐했던 사람들이
하느님보다 더 무서운 이사명령서를 받고
버티고 버티다 새들처럼 떠나갔다

불도저 다섯 대가 뉘를 가려내듯
흙을 척척 가볍게 털고 있다
사거리 불빛이 보일수록
버스가 다니는 골목이 훤해질수록
낮은 학교의 건물이 높아질수록
떠나간 사람들의 공간에 태어난
'비움'의 자리가 낯설다

분양 완판을 외치던 뉴스가 설탕처럼 달콤하다
모델하우스에 사람들이 줄을 서니
비우면 채우고 싶은 마음이 풍선을 달고 온다

고공의 바람이 '붐'을 일으킨다
붐비는 동네를 만들려고 한다

떠나간 자리에 벌떼처럼 '붐붐'
골다공증 뼛속에 쐐기를 박고 있다
전염병처럼 번지는 허전함
말라가는 오렌지 속으로 잦아들고
피할 수 없는 가벼움이 병중처럼 번진다

올해도 파꽃이 피었습니다

아내가 어머니의 파김치 맛을
흉내 내기 시작했다

칠순 잔칫날, 가족사진 한 장 남기고
어머니는 병실에서 파밭을 일구었다
불철주야 혈관 주사로 콕콕 찔린 몸
툭 터진 실핏줄에
파랗게 아린 파꽃이 피었다

새색시처럼 초록 고름을 여미며
아버지를 기다리던 봄
진흙 속에서도
서늘한 허리를 세운 쪽파

파종, 그 애린 시작을
아내에게 던져둔다

아내는 봄마다
파꽃을 피우는 어머니가 된다
어머니의 손맛을 흉내 내며

잔뿌리처럼 이어진 초침을 되짚고
매운맛을 견디지 못해
우는 아이를 달래며
손끝으로 시린 맛을 다듬는다

솎아낸 자리마다 더 깊어지는 모종
아이는 알까
맵고 짠 그 내림의 맛을

강남 몽夢

 몽롱한 꿈만큼 부풀었던 남산만 한 아버지의 배 속엔 빈 위스키병과 정 마담이 떠다녔다 아파트 공사 일을 하는 아버지는 외삼촌이 짊어지고 온 가방 속 돈다발을 꺼내 마당에 줄을 선 인부들에게 월급을 쥐여 주었다 그들의 장화에서 묵은 돈 냄새가 퍼져 집 안 가득 스며들었다 돈을 잘 벌수록 아버지의 배는 더 부풀었다

 이름만 강남아파트, 앞에는 도랑창이 흐르고 있었다 분양이 끝날 무렵 강남의 하늘은 철근처럼 무거워졌고 모래바람만 훈훈하게 집안을 맴돌았다 어머니는 오 남매를 부엌에 매달고 공사판 한쪽에 함바집을 차렸다 끓는 솥에서 화독내가 피어오르면 허기가 뱃가죽에 들러붙었다 어머니의 등은 삶은 국숫발처럼 휘어졌고 사내 팔뚝만 한 주걱은 끓는 물 속에서 허공을 저었다 우려낸 연기 속에서 나는 눈이 매웠다
 아버지의 배에서 바람이 빠진 날, 일곱 식구가 강남 물을 마시던 날, 빨간 딱지가 붙던 날, 버려진 교과서 기억은 전철을 타고 바늘귀를 넘었다
 〈

나는 아직도 강의 남쪽에 사는 꿈을 꾼다 아버지가 그랬듯이, 나도 내 아이도 강모래 같은 미담을 엮는다

백령도 따오기

너는 결국 이곳까지 왔구나
다시는 못 가볼 백령도
배에 실린 몸들이 말린 오징어처럼 누워
잠든 사람은 섬을 다 안다

배는 어미였다
흐린 바다는 남긴 것과 오는 것 사이를 흔들고
비명을 벗 삼아 잠들었다

새의 입을 단 여자
표류할 준비를 마친
그녀가 떠나온 집은
더는 떠나가지 않아도 되는 곳이었다

백옥같이 고운 섬을 따오고 싶었다
물비늘에 흠뻑 젖은
섬은 기다리고 있었다
누군가 제 이름을 빼앗으러 오기를

흰 깃털을 단 입술이 날고 있다

노을을 찢으며
남실바다 위에 남은 것은
질서 없는 웃음과 통제할 수 없는 떨림

그녀는 섬으로 간다
얼마나 묵고 갈 건지를 묻지 않는 곳
흰 파도를 닮은 섬을 다 따오기를

우리는 지금도 깃털의 경계를 날고 있다
서로의 울음에만 응답하는 새들처럼

오란비

억눌린 말들이 땅속 깊이 박혀
갈라진 흙 틈 사이로
비명이 올라옵니다

오란은 한 사람이 아니었습니다
말하지 못한 사람들
울지 못한 이름들
그들 모두가 오란이었습니다

비는 조용히 엎드립니다
깡통 소리, 북소리, 꽹과리
발아래 쏟아지는 함성
비는, 울음을 대신해 내립니다

오란비는 버텨온 자의 물기
억울한 자의 흐름
기억되는 자의 눈물입니다

바지를 걷고,
맨발로 뛰어들고,

어떤 이는 멈추지 않고,
첨벙첨벙 빠져드는 소용돌이 속으로

비는 묻지 않습니다
그저 대지를 적시고 있습니다

오란은 다짐처럼 내립니다
다시 오겠다는 약속처럼
모든 이름을 위해

팬닝

너의 손이 무게를 달았다
밀가루, 이스트, 어제의 마음까지

팬 위에서 원을 그릴 때마다
시간이 돌고
생각은 부풀어 오른다

숨기려던 마음이
증기처럼 먼저 새어 나올 때

옆구리가 터진 빵은
속내를 삼키지 못하는 사람에게
늘 터져버리는 사람에게 줘야지

아니면
한입 베어 물고
배시시 웃는 당신에게

나는 팬 위의 반죽
너는 주석을 쥔 심판

〈
네 손목이 흔들릴 때마다
터지지 않기를 바라며 속을 눌러 앉힌다

2부

달은 물방울을 피우는 꽃이 되었다

무너진 것들의 노래

 청룡사 안으로 들어가니 해체된 암막새, 수막새, 대들보가 누워 있다 세월 따라 생긴 흠집 그대로 비틀린 마음도 들락날락한다 중심을 잡고 버티려면 소나무의 어느 면을 크게 키우란 말인가 기둥은 기둥대로, 성한 것이 뭔지 조목조목 헤쳤다 모이며 복원된 시간 속에서 불전에 헌신한 손으로 지은, 다시 살아나는 시어는 보물이다

 썩고 문드러진 뼈에 새살을 붙여주니 고르게 숨을 쉰다 구부러진 나무의 원모습 그대로인 기둥 깊은 아우름 속, 푸른 용이 승천할 기세다 오백 해를 품은 절집처럼 돌이키기를 오백 번, 그를 이끌던 절간 같던 시풍이 당당하다 물가에 논 물고기처럼 이렇게도, 저렇게도 새로 꾸미고 살겠노라 센 힘을 쓴다 목탁 소리처럼 산바람을 타고 유유히 날아간다

　처마 끝 휘어진 풍경
　빛과 소리의 흠집을 구호한다

모형 의자

벽에 걸린 그림 의자
고갱의 빈 의자에 놓인 촛불은
빛과 그림자를 내어주었다

나는 햇빛에 중독될까 두려워
지나가는 비행기 굉음에 움츠러들며
의자에 살짝 기대면 꼬리뼈가 저릿했다

래미안 아파트, 구운 빵, 녹차라떼
그 평온 속에서도 모래남자는
유화물감을 두껍게 칠하는 나를
호통치며 못 앉게 했다

서둘러 벗어나야 한다는 말에도
조용히 모래를 흩뿌렸다
누군가 앉았던 암체어는
촛농이 녹듯 백태 낀 세월과 같았다

의자를 내어주는 것이
의자에 앉게 하는 것이라면

〈
내가 아는 의자는 죄다
모형이다
탁한 공상을 치운 자리에
라벤더 화분 하나 모신다

조용히 흔들리는 그림 속 촛불처럼
라벤더 향을 머금은 붓질로 허공을 칠한다
네가 올 것 같은
그림자를 움켜잡는다

라이브 공연

충전식 달빛 아래
얼굴 없는 가수가 나와 낡은 기타 소리에 실린
어둑어둑한 노래를 부른다
죽은 나무에 걸린 생화가 가로등 때문에
조화로 보인다

거제도에서 왔다는 K가
짚신 한 짝을 끌어안고 엉거주춤
한 남자의 나이롱춤은 naive
"Spelled N-A-I-V-E,"
그는 발음도 모른 채
무대 위에 프랑스어로 중얼거린다
"naïf," - 태어난 그대로
뒤늦게 무대 조명이 라틴어 nativus를 비춘다
그 순간 공연은
조금 더 라이브해진다

숨 막히는 장작 연기가
거미줄 위 꼼짝 않는 거미를 감싼다
암암리에 라이브 공연을 엮고 있다

죽은 나뭇잎 의자를 놓고
떨어진 꽃잎으로 무대 장식을 한다
산 입에 거미줄 치지 않으려고

죽은 듯 산 아버지 같다

쉰 목소리로 거미의 노래를 신청한다
입에 풀칠할 수 있게 해달라고
아버지의 갈증을 풀어 달라고

맥시칸모자꽃

그림자 하나 얼씬거리지 않는 외딴집
눈코 뜰 새 없이 바쁜 개미만 쏠쏠 긴다
세상과 말문이 열리지 않는 아들을 돌보느라
그녀는 허공에 줄을 잇고 뜨개질을 했다

파리한 풀은 바람을 뒤슬러 놓고
휘파람새 울음소리를 내고 있었다

술술 풀어내야 할 코를 잡아맨 그물망으로
맵짠 손끝 드나들었다
끈 계단 떠 놓기 무섭게
풀잎에 베여 피가 멎지 않는 말
바람이 제법 잘 통하는 난간을 세웠다

올무에 걸려 덜 여문 모자란 말
봉긋한 모자에 올라탄다
고삐 놓은 모자가 후련하게 풀릴 조짐이다

금빛 햇살이 옮긴 뜨개질의 행간

그제야 아들의 잠긴 말문에서
맥시칸모자꽃이 열린다

감정의 거품

설거지하다 보니
물살에 헹궈지는 건 그릇뿐만이 아니었다
손끝에 남은 비눗물처럼
지워지지 않는 말들이 있었고
어느새 젖어 버린 마음도 있었다

닦고 헹구고 정리한 뒤
한숨처럼 물기를 털어 낸다
그러나 개수대 한쪽에는
아직 씻지 못한 것이 남아 있다

거품이 묻어 있다면 이미 잘 닦여 있다는 뜻이다
때가 남아 있다면 거품도 붙지 않는다
헹구지 않은 채 멈춘 그릇처럼
어떤 말은 남아야만 깨끗해지고
어떤 기억은 거품처럼 흩어져야 사라진다

손끝으로 문지르며
흐르는 물 아래 남은 거품을 지워가며
끝내 깨끗해지는 것처럼

사라진다는 것은 또 다른 감정의 출현일까

홀로그램

홀로 된 사연, 나는 투명한 형상
계절만으로는 부족했어요
겨울비에 젖은 내가
손을 뻗으면 번져 버리는 빛
단풍은 서리로 익어요
겹의 환영으로만 남아 있어요
정처 없이 떠도는 높고 낮은 멜로디
음정과 박자가 따로 놀아요

바닥을 스치며 미끄러지는 낙엽
뒤로 걸어가듯 사라지는 몸짓
자신만 살릴 그 친구
허공을 스치는 손짓처럼
나는 끝없이 미끄러지며 흐려지는 중심

심장 박동을 방해하는 가시는 아팠지만
홀로그램, 고통을 가질 수 있을까요?
빛의 잔상, 실재하나요?
누군가는 남은 그림자를 따라올지도 몰라
현실은 늘 레퀴엠 같으니까요

〈
정답게 웃는 홀로그램
나는 비가 와서 생긴 부족
얼음이 녹기 전
낙엽이 우북수북하게 쌓여요
나무가 얼얼한 손가락 불며
낙엽을 한번 추스르죠
불꽃으로 남을 표징처럼

모듈 11, 망령의 쉼터를 만들어요
낡은 공간에 새 옷을 입히듯
내면의 빈자리를 채우려 해요

첫잠

낯선 길의 표를 선물처럼 받았다
안경 닦는 수건, 헤어크림, 시집 한 권
더 챙기지 못한 것들이 아쉬워 손끝을 맴돈다
창밖으로 보이는 날개가 기우뚱 흔들리고
햇살의 가는 깃털이 천천히 몸속으로 스며든다
손톱만 해진 집들과 거리
멈춰 선 공장들 위로 흐르는 녹슨 강
불안과 공기가 진드기처럼 들러붙는다
구름은 아슬한 곡예를 이어가고
나는 푸른 뽕잎을 씹으며
몽롱한 고도 속에서 결연을 내린다
정처 없이 지나온 시간
낡은 터미널, 바람 부는 언덕을 지나
마침내 멈춘 곳
오래된 나무문을 밀고 들어서니
젖은 공기가 서늘하게 피부를 감싼다
김이 피어오르는 가마
여기저기 울려 퍼지는 낮고 깊은 숨소리
맑은 물줄기가 부드럽게 감싸며
굳었던 마음도 천천히 풀어진다

사위 저녁 짚의 숨결이 머무는 방
등에 스며든 납빛 고요, 나는 첫잠에 든다
알을 오백 개 낳고 허물을 벗은 번데기처럼
주름을 펴며 투명한 마디가 서서히 자란다
한낮 잠은 깨어나지 않길 바란다

버려진 집

사람을 까먹었다
편안한 잠을 까먹었다
까먹은 기억을 까먹었다

출입 금지 테이프가 감긴 집은 빈 상자다
커다란 짐짝처럼 입을 막아 버렸다

단층집 옆, 이층집 옆, 미용실 옆, 수선집 옆
지름길을 가려던 발걸음이
느티나무 숲길을 이루고
평상에 앉았을 마을 풍경 안
상심의 저녁을 지나며 바라본다
버릴 것인가
버려질 것인가
실존의 언덕을 돌아설 뿐
소유했던 집은 없다

개가 짖어대던 골목
버려진 화분이 버려진 집을 지킨다
〈

칼과 도마가 사라졌어도 불안이 남아 있다
진혼곡이 흐르는 영혼 없는 그림자
토닥이는 그릇 소리, 옹기종기 밥 먹는 소리
쌀라거리며 넘나들던 셋방 사람들의 웃음소리
난닝구 구멍을 뚫고 날아온 술기운 속에
남아 있어야 할 이야기도 사라졌다

사람이 나가고 물도 나가고 전기도 나가고
캭 하고 뱉어낼 가래침조차 없다
골목까지 찾아오던 트럭 야채 장수의 목청도 없다

더 작은 상자 속으로 실려 간 사람들
집에 매달린 믿음을 놓아 버렸다

버려진 상자 안에 집은 없다

로드킬

누군가 나무였다
단단했고, 잎은 번쩍였다
속으로는 불을 품고 있었지만
티 내지 않는 쪽을 택했다

빛이 일렁일 때면
말없이 그 앞에 섰고
몸을 낮춰 바람을 품었다
잎사귀 틈 어딘가
번쩍이는 것 하나 숨어 있었다

누군가
괜찮은 사람이었다고 말했다
그러곤 속도를 내
등 뒤로 감정을 흘렸다

누군가 기억은 안개 속에서
이름을 잃고
느낌은 먼 데로 떠밀렸다
장벽은 말 대신 더 자라났고

〈
누군가 눈빛만 남겼다
날카롭고, 사자의 것 같은
붉은 신호 앞
온도가 가늠되던 순간

그곳에
한 줌의 열이 남아 있다
누군가는 오래 품던 나무의
마지막 체온처럼
길 위에 누워 있다

벚나무 아래
- 이모들의 뒷담화 1

장롱 위까지 키가 닿지 않았다
삼촌이 쓰던 낮은 책상을 가져오고
베개 두 개를 받쳤다
그래도 손끝은 허공을 더듬었다

베개 두 개를 더 얹었다
손끝이 무언가를 스쳤다 돈이었다
한 장만, 딱 한 장만
하지만 거기엔 딱 세 번 손을 뻗었다

이모는 자꾸 저녁을 거르고, 외할머니는 눈치챘다
대청에 가방을 던지고, 범인을 잡겠다고 앉아 있었다

단팥집 할머니에게 물었다
"큰돈을 들고 온 아이가 있었느냐?"

반개 집 대문을 나서면
벚나무 서른 그루가 농로 양옆에 서 있었다
그 밑에 잔가지가 돋아났다
〈

할머니는 이모에게 말했다
"그 벚나무 잔가지를 한아름 꺾어 오너라"

문이 닫혔다, 모말이 뒤집혔다
이모는 그 위에 올라섰다

묻지도 따지지도 않았다
벚나무 잔가지가 허공을 갈랐다
종아리에 붉은 자국이 피어나고
다시 사라지기를 반복했다
한 번, 두 번, 잔가지가 부러질 때까지

그 후, 장롱 위에 돈은 또 있었으나
이모는 무서워 도망쳤다

말할 수 없는 것들은
여전히 벚나무 아래 묻혀 있다

노랑할미새의 모닝빵

모닝빵을 쥐고 생각한다
노랑할미새는 잘 지낼까

수도는 말랐고
전기는 숨을 멈췄으며
돈이 세상을 돌지 않는다

날아온 고지서에 박힌 글자는 여전히 크고
배운 적 없는 숫자들이 가득하다
그래도 웃었다
하얀 이와 후한 잇몸으로
배려는 타인을 살리고
사진 속 근엄한 얼굴이 버티게 했다

누구의 얼굴이 중요하지 않다
누구의 편도 들지 않기로 했다
집세는 오르지 않았지만
생계비는 줄어든다

한쪽 귀는 막혀버리고

삼척 바다의 파도 소리가 맴돌고
겨우 쬐던 볕도 여름과 함께 사라졌다

숲으로 스며드는 쪽방
모닝빵을 꼭 쥔 채
노랑할미새는 구부러진 등을 접는다

신자유주의 빵집

살아보지 못한 세월을 안고 그 빵집에 갔다
아내는 조용히 오후를 재고 있었고
여덟 평 남짓한 빵집 한편에 앉아
나는 책을 펼쳤다

맞은편 개인과 체인은 늘 사정거리 안
팽팽한 접전을 이어갔다
까치가 어깨에 흔적을 남기던 날
아내는 체인 빵집을 인수했고
IMF의 거센 파도가 밀려왔다
일 년도 못 가 본사와의 연결이 끊겼다

낡은 간판만 새것으로 바꾼 채
별똥별은 볼 때마다 다시 오길 빌었다
빵모자를 눌러쓴 네 살배기 아이가
햇살 아래 토실하게 익어가고
부도난 회사에서 밀려난 나는
놀이터에 불시착했다

시산이 흐를수록 가게는 점점 공허한 흉곽이 되어 갔다

'자영'이라는 깃발을 꽂고 밀가루를 뒤집어쓴 채
반죽을 치댔다, 땀방울이 소금 되고
심판을 기다리듯 부엉이처럼 밤을 지새웠다

임대 쪽지가 붙은 가게들이 하나둘 늘어났다
신세대가 열광하는 체인 빵집이 코너를 차지했다
반짝이는 쇼케이스가 들어서자
자유롭던 생각도, 유행도 반듯한 틀에 박혔다
그 안에서 무언가를 부수었다
살아남기 위해 다시 버튼을 누르다
블링블링한 사각의 빵틀을 집어 들었다

츄파춥스 신화

마지막 남은 나의 신화를 은행나무에 매달았다

아무 말 없이 유리 향기만 남기고 사라진 누이

마고할미 넓적다리만 한 송내동 은행나무
무릎 밑까지 잘려 나갔다

긴잎느티와 은행이
서로 마주 보며
눈엽 피고 불꽃처럼 일렁이던 입술

별을 옆에 두고도
달은 물방울 한 송이로 피어났다
그 둥치엔 아직도 마르지 않은 눈물
흙으로 조용히 덮어 주었다

그늘이 사라지면
눈먼 사랑 위로 햇살이 쏟아졌다
츄파춥스를 기다리며
입을 다물고 두 눈을 감았다

〈
노란 은행알이 굴러다니는 늦가을
유리의 혈통을 가졌던 누이가 입안에서 바스락 깨졌다
달은 칠흑의 우주를 삼키며 등을 돌렸다

꽁꽁 싸맨 좀처럼 풀리지 않았던 츄파춥스

사탕 같은 사랑이 눈을 뜨면 녹았다

아버지의 외투

더위가 한풀 꺾인 날
아버지가 반나절만 바다로 가자고 했다
숨 돌리던 엄마는
보랏빛 옥수수를 삶는다

차창 밖
고구마밭을 지나
불볕에 숨죽인 고추밭을 지난다

지평선 너머 떠난 바다
쉼 없이 일구던 뻘 위
게가 사체를 치우고
토화는 갯벌에 뿌리를 내린다

대륭시장엔 사람들이 북적이고
교동 이발관은 여전히 그 자리에 있다
엄마는 발걸음을 늦추고
누나는 다방에서
울렁이는 파도를 상상한다
〈

호떡집을 서성이던 아들
시장 뒷골목으로 사라진 아버지를 닮았다
쌀강정을 사러 간 아들의 뒷모습
그게 아버지처럼 보인다

겨우 반나절 바다 여행
뼐만 남은 하늘에
뿔 같은 쌍무지개가 떠오른다

무자게 짠바람이 옷깃을 흔들고
뒤로 기운 모자 아래
햇살이 가득 쏟아진다

아버지가
천천히
바다로 흘러간다

빈티지

시내 모처로 마르지 않는 협상을 하러 갔다
지상의 대로변은 자동차 홍수를 이루었고
물길은 시내로 흘러들었다
질척질척한 땡땡이 골목
북적거리는 선술집에서 흘러나온
홉송이 향이 혀 끝에 맺히고
횟집 호스로 스며들었다
서릿발에 방향감각을 잃은 채
물방울 튄 회벽엔 검푸른 이끼가 돋았다
일에 치여 몸을 돌보지 못한 나날
통증은 고단한 다리를 질질 끌며 나아갔다
굳게 닫힌 진창떡방앗간을 지나
구제상가로 발길을 돌렸다
아무리 벗겨도 벗어지지 않는 옷
라탄바구니에 앉아 기타를 치는 인형처럼
쓸 사람 불러내고 판 사람을 구제했다
그늘 짙은 골동가에서 한 구럭 챙겼지만
가지고 간 구럭만은 잃고 싶지 않았다
어렵게 수문지기가 된 아들에게 줄
해지고 빛바랜 리바이스 청바지를 샀다

수중에 영영 가라앉아야 하는 무력감
그리고
미래라는 부력

3부

말이 글이 되고 말발은 뛰어간다

카오스의 딸

 내 생일 케이크 또 까먹었지 예전 같지 않아 눈이 내리면 좋았을 텐데 할아버지 제삿날에 태어난 나는 마치는 연습을 했지 야무진 먹을 복, 약과 먹고 생율도 먹고 부정 탄 나의 생일날 큰 아빠가 〈생의 한가운데〉라는 책을 선물로 주셨어 나에게 탄일종이 울리지 않았어도 중심을 잡게 해준 건 책이었어 바깥 공기마저 싸늘해 얼음이 박히기까지 투명하게 살아가는 것들이 보여 나도 생의 한가운데에 서 있어 눈물 대신 콧물이 흐르면 생은 슬슬 녹아내려 기침을 하게 해 살얼음판은 아직 날 걸어가게 하지 딸 생일만은 꼭 기억하는 엄마였는데 희미해졌지 잊고 있었지 아무도 나를 기억하지 않아도 축하한다는 카카오스토리는 그다음에를 어떻게 해석하냐에 따라 달라지지

가방 안에는 낯선 길과 오랜 체온과

언제 훌쩍 떠날지 모른다던
가늘게 떨리던 시선
내가 먼저 가면
날 들고 다닐 거냐고 물었다

낡은 영수증 한 장
헤어진 단추 두 개
불완전한 지갑
오래된 편지 몇 통
빵 한 조각의 부스러기
떨어진 머리핀
밤이면 되뇌던 말들
남은 건 닳아 버린 굽뿐
묵직한 지구 한 알
그것이 내 삶의 중심을 잡고 있다

나를 제발 끌고 가
너를 잊지 않게
서로의 등을 어루만지며

이 길의 끝이 보일 때까지라고
대답했다

몸빵

선자령에서 맑은 바람을 실컷 들이마셨다
막걸리 한 잔에 취한 이백처럼

나는 그저 삼십 년 빵을 구워 온 사람
뜨거운 화덕 앞에 와서
한 줄 시를 쓸 수 있었다

시와 술은 숙성될수록 깊어지는 법
막국수를 곁들여 주문했더니
장인의 손길을 거친 면발이 툭툭 끊어진다
사람 다루는 일도 다르지 않겠지

어딜 가나 돈키호테형
시와 술 앞에서는 머뭇거리는 사람
퇴고에 퇴고를 거듭하며
궁하면 통하는 시 한 줄을 갈망할 뿐

한 줄 문장에
한 생을 건네주고 싶은 마음
〈

불확실이란 가장 확실한 영감
구슬땀 흐르는 얼굴 위
태양이 선물한 하얀 소금 결정

그저 간이 딱 맞는
맛있는 빵 같은 시를 쓰고 싶다

엄마를 부르면 오는 달, 딸

상야동을 지날 때 버스가 덜컹거린다

엄마가 갑자기 입원했다
인슐린 주사는 맞지 않겠다고 했다
엄마가 좋아하던 단팥빵도 없이
빈손으로 병실에 들어선다

아버지를 유독 따랐던 반려견 소망이
엄마 곁을 지켜주는 동안
엄마를 만나는 시간은 점점 짧아진다

엄마는 손등에 링거를 꽂은 채
환자 어르신의 어깨를 쓰다듬고 있다

사돈의 팔촌까지 드나들어도
지친 기색 없던 엄마
이제 깃털처럼 가벼운
거위의 꿈마저 잃어버린 것 같다

엄마- 하고 불러도 뒤뚱거리며 걷는다

〈
눈을 감으면 엄마가 내게 묻는다
아픈 곳은 없냐고

엄마에게 먹구름이 낄 때만
겨우 달려가는
그런 딸이다

어여 와 했다가, 힘들면 어여 가라고 한다

엄마라는 달이 기울고 있다

지금 우린 아름다운 한 폭의 기억이야

말라붙은 살갗 아래, 뼈만 남은 몰골
그의 시점은 침체기
식구들 곁을 서성이며 벽처럼 말이 없었다
창문만 바라보던 그를
끌어당겼다, 숨이라도 쉬자고

풀밭에 돗자리를 펴고
다른 가족들이 웃으며 도시락을 나누는 사이
그가 미소를 지었다
잠깐의 미소가
한 폭의 그림처럼 머물다 사라졌다

더 깊은 숲속으로, 사람 없는 그늘진 길로
관모산 끝자락을 걷는다
나무꾼처럼
간신히 아내를 얻은 사람처럼
세상일엔 눈 감고
겨우 가족만 품은 채 살아가는 사람처럼

축축한 풀벌레처럼 개울물도 따라 울고

푸른 하늘은 높이 솟은
모자나무를 폭 감싼다

우리는 아무 말도 하지 않고
그 나무 아래 앉는다
나는 깨닫는다
이 사람을 살게 하는 것은
눈물이 아니라
그림의 포자처럼 번지는 권태가 사라질 때까지
조용히 곁에 머무는 일이라는 것을

바람을 물고 오월이 피면

한때 유행했던
축 늘어진 바람막이를 걸쳤다
세월에 바랜 잿빛
낡은 주름 사이로 바람이 스몄다

낯선 바람에 꽃잎처럼 생긴 앞섶 지퍼가
덜컥 주저앉는다

손잡이가 부러져 당황스러운데
호주머니도 반쯤 찢어져 있다

우린 꽃 피는 광경만 지켜보다가
꽃 뒤의 열매를 스케치하다가
고양이가 비둘기를 물고 가는 것을
그저 지켜보았다

입구보다 출구를 찾기에 바빴다

꽃을 닮은 지퍼 손잡이는 부러졌지만
시난 것들을 여닫는 일은 우리들의 몫

〈
암수가 한 몸이 되지 못한 채
허공에서 부유하는 자작나무꽃
흩날리는 꽃가루가
햇살 속에서 희미하게 반짝였다

오월이 오면 문득
바람막이도 없어 떨어진
우리의 꽃들이 생각난다

의

보이지 않는 일도 다 읽어내는 신이 계신들
모든 것이 나의 의라 생각했습니다

가도 가도 끝이 보이지 않습니다
중간의 중간
의가 답답해 울기도, 체념도 했습니다
이상, 더 무엇의 무엇
나의 의를 아무도 궁금해하지 않습니다

의,
리의,
리와 떨어진 의

상해가고, 상권이 무너져
소리 없이 말라죽는구나 싶어
하루에 몇 번 빵이 돌이 되는 꿈을 꾸었습니다

코너에 몰려 작아진 나의 의
드디어 결석합니다
통점을 움켜쥐고 오늘 응급실로 갑니다

이렇게 죽을 순 없어

약기운이 퍼져 덜덜 떨립니다
배 속에서 소 울음소리 나네요
3밀리미터 돌 구르는 소리에, 의가 납니다

둘째 아이, 대학 2학년이거든요
모난 돌 흘려보내 주신다면
나의 의는 속히 긁어내고
오직 당신의 의를 따르겠습니다

엄마의 무게

내 몸의 신호가 코앞에 닥친다
메타˚는 산고를 모르면서 딸의 무게를 잰다
주름과 신음, 숨결까지도
하나도 놓치지 않고
반복해서 기록한다

나는 엄마의 그 무게를 품고 산다
밥상머리 위, 콩나물 머리 하나를 딸지 말지
작은 결정들, 알알이 품고 산다

몸에 밴 순풍을 자랑하며
나는 묻고 또 묻는다
산고를 모르는 메타가
엄마의 무게를 잴 수 있는가
기계가 알 수 없는 무게를

나는 안다
그 무게가
내 몸에 새겨져 있다는 것을
엄마의 숨결, 엄마의 고통이

내 피와 살을 이루고 있다는 것을

자운영꽃을 좋아했던 엄마가
이제 꽃을 기억하지 못한다
녹슨 칼과 도마
밥상머리의 결정들까지
하나둘 기억 속에서 버린다

봄 내내 몸의 신호를
쥐락펴락하는 메타에게
엄마의 무게는 여전한가

묻는다

* ~ 넘어서, 초월한.

시적 낭만

1차 야시장 족발집

첫 시집을 달게 먹자고
족발집에서 번개를 친다
첫 시집의 화려한 외출

화자이고 작자이고 평론가인 홍 선생
먼저 말을 걸고 말을 탄다
말이 글이 되고 말발은 뛰어간다
족발은 걷지도 못하고 식어 간다

첫 시집의 첫 장
시가 되는 각도를 비틀어 내는
홍 선생의 말을 탄 말
역류성 시가 나온다

주를 믿고 주를 마시는 임 선생
"시가 되려면 순도를 논해야 한다"며
초점을 흐린다
〈

말간 풍선을 달고 늦게 나타난 서인
분위기 파악하느라 시집을 본다
술잔 낚아채려던 조명
콧등만 스친다

2차 골목 호프집 앞 파라솔

각도와 순도는
코가 삐뚤어질 때까지 흔들린다
먹지도 못하고 나온 야시장
족발을 떠올린다

빈속으로 달려온 밤
그 속에서 만난 시
비가 발라낸 창살에 걸렸다
파라솔 의자 뒤로 우산을 펼친다

새어 나온 불빛 따라
시를 오독오독 낭송한다
〈

한 사람의 생애가 빚어낸 시
비가 비틀거릴수록 더 큰소리로 낭송한다

비틀거릴수록 더 더…

취한 시가 비몽이다

개똥 아비의 소원

 오래된 화동 마을 남포리, 안골, 뒷골, 알고 보면 거의 피가 섞여 한 집안이다 황해도에서 피난 와서 섞인 사람도 이제 화동 사람이다 뒷집 사촌, 아랫집 오촌, 가까운 친척, 겹사돈, 겹겹 사돈 여자 귀한 동꽃마을 개똥 아비가 술 먹다 데려온 여자는 애만 덩그러니 남기고 뭍으로 도망을 갔다

 할아버지가 손주를 업어 키운다 어깨 밭 고구마 싹 농사짓던 개똥 아비는 배 타고 도시로 다시 중국 여자를 구하러 갔다

 올 해 고구마 농사는 다 지었다 제일 잘나가는 백색 고구마 되고 싶은 개똥 아비 소원은 짠내만 올라온다 작아지는 백령도를 닮아 자꾸 작아지는 백령도 고구마, 착하고 순한 중국 여자를 데려올 날만 손꼽아 기다린다

후에야

달이 사라진 후에,
트로이메라이는 거품처럼 떠다닌다

멀어질 때가 되어 멀어지고
그리움도 서러움도 없이
두 날개는 서로 다른 바람을 타고 흩어졌다

강남역 지하상가, 소음의 물결 속에서
사람 사이를 스친 여리여리한 말들이
어머니의 뜨개질처럼 얽혀 버렸다

풀리지 않는 수수께끼
비둘기색으로 뜨다 만 조끼는
좋아하는지, 사랑하는지를 묻곤 했다

옷장 속, 실밥이 풀린 비둘기색 조끼
그 선물은 촛대바위에 앉아 있다

지난날을 썩히지 않았는지
내가 사 준 카세트테이프를 다시 구웠는지

메마른 깃털 틈으로 비는 내리고 있다

유리창에 반사된 도시는 낯설기만 하다
한 마리 애완 비둘기
옷장 속에서 가만히 숨을 고른다

비로소, 후에 연락하마, 하던 그가
골목 끝에서 홱 돌아서면
나도 후에야, 외마디 절교를 뱉던

비둘기 떼 스치고 간 하늘 아래
흩어진 깃털이 늦은 꽃처럼 피어난다

크루아상은 울지 않는다

시든 골목에 선 그녀
바람벽을 조심스레 열고
서랍에서 붉은 고추를 꺼냈다
호박 옆에는 앙상한 가지를 널었다
메마른 나뭇결이 햇살을 머금고
금세 바삭하게 말라갔다

오래 사는 일보다 떠나기 쉬운 빵집 골목
우엉처럼 쪼그라든 가슴은 머문다

크루아상 굽는 냄새가 골목을 타고 번졌다
유달리 그 향기는 바닥에 오래 남아
지나가는 바람에도 사라지지 않았다
그 바람이 풀씨를 품고 춤추듯 흔들릴 때
담벼락의 작은 숨구멍에서는 초록빛이 움텄다

고춧가루 낀 태양 아래, 까맣게 탄
그녀는
시간의 흔적 속에서 점점 예뻐진다
〈

유리문에 비친 그녀의 모습이 달리
그림처럼 일렁였다
홀로라는 느낌이 문득 좋다

무를 바람벽에 널길 잘했다
하얗게 마른 무 조각이 공기 속에서
단단해졌다
그녀의 손길이 닿은 골목에 생기가 돈다

상황버섯

품 안 자식을 차 사고로 잃고
세상과 연을 끊은 나는
깊은 산 품걸리로 들어갔다
욕망이 사라지는 것이 문제였다

우연히 참나무에 깃든 겨우살이
죽은 줄 알았던 참나무에 상황버섯이 자라니
위로가 피어났다

폐암 말기인 아버지는
한밤에도 눕지 못하고
거친 숨으로 암세포를 눌러본들
끝은 가까웠다

코로나는 병동을 걸어 잠그고
손 한번 잡을 수도 없었다
파리한 얼굴로 바라보던
아버지의 눈빛에서
절망이 비롯되었다
〈

버섯을 싣고 달린다
한때 내 품에 안겼던
아이를 떠나보내고
이제 아버지를 품에 안은 나

난생처음 보게 된 무더기별
가을 숲에 쏟아지고
아버지는 버섯 포자를 품는다

브레첼[*]

불 꺼진 오스람 전구, 희미한 그림자
빵의 온기를 찾아 헤맨다

조금 전, 일그러진 뉴스 화면 속
빵을 사려던 남자가 아스팔트 위에 쓰러진다
우크라이나 여자는
놀란 해바라기처럼 울음을 터뜨린다

저 폭격 잔해로 가득한 골목까지 빵을 전할 수 있을까
손을 머리 위로 번쩍 올리며
아무도 손을 내리지 말라고 외치는 순간
그는 어두운 벙커로 뛰어들어간다

그 손에 쥐어진 브레첼
매듭처럼 엉켜 있는 데칼코마니의 형상

음습한 날을 택한 빗물은 달을 쫓는다

나무 막대기 같던,
굽은 바게트의 등을 손바닥으로

눌러 펴듯
적병에게도 따스한 빵을 건넨다
뭉클한 한 조각이
저녁의 마음을 사로잡는다

그날 밤, '독일 병정'이라 불리며
쉬지 않고 어둠을 굽는다

마침내, 별빛 조각을 나누는
조릿대의 꿈
손을 꼭 잡고 구운 하트,
텅 빈 공중으로 날아오른다

* 하트와 유사한 모양의 독일 빵.

4부

흰 목련이 터지기 직전처럼

바다를 타고 드는 잠

섬 안개가 어깨를 감싸고
아버지와 딸은 말없이 마주 앉는다
고요 속에서도 따뜻한 평온이 흐른다
순종호 횟집
농어회를 집어 든 딸을 바라보는 아버지
"세상에서 제일 맛있다"
게 눈 감추듯 사라지는 회 한 점
바다 냄새가 입안 가득 퍼진다
딸은 햇볕 아래 마음껏 뛰놀고
외포리 바다는 여전히 멀다
물이 차오르면 올까
아버지는 먼바다를 향해 나아간다
빈 배에 딸을 태워보려던 아버지
기다리다 잠든 딸을 바라보며
푸른 꿈을 몰고 간다
그동안 바람도, 파도도
잠잠하다

섬마, 설마

모든 기준의 시발점은
내 눈꺼풀이었다
"야, 섬마!"

깐 눈꺼풀이냐, 안 깐 눈꺼풀이냐
태어날 때부터 정해진 선이란다
자연스럽게, 아름답게 생긴 거구먼

"짜식, 출세했네
너 오늘부터 기준 해라"

기준이 되려면
작은 키에도 시선을 끌거나
다닥다닥 붙은 말줄임표 대신
단호한 느낌표를 품거나
꾹 눌려 있던 오장육부에
한 문장만큼의 숨을 실어
교문을 벗어날 때까지
우렁차게- 기준!
〈

그날 이후 나는 알았다
쌍꺼풀인 나보다
외꺼풀인 친구가
훨씬 많다는걸

기준이란
익숙한 얼굴들로 짜인
묶음의 합창이라는걸

어이 어이

친구를 만나러 가는 지하철 안

절벽 위, 상승기류를 타야
멀리 날 수 있는
회색머리알바트로스처럼 덩치 큰 남자

멀리 떨어져 있어도 칭얼대는 아이 곁을
뱅뱅 돌다 뒷전에 쓰러져 잠든 남자

옆자리에 앉아 사경˙을 펼치니
거그 거그˙를 부른다

남편도 나를 부를 때 어이
번번이 내 이름은 어이가 된다
그렇게 듣기 싫던 말이
시집 속에 들면 좋아진다

대답 없이 입을 툭 내밀고
손뜨개질만 하는 여자를
그는 뭐라고 부를까?

〈
어이-
말문이 막혀 짐승처럼 울어댄다는 뜻일까
맷돌 위에 손이 없어 돌리지 못한다는 말일까

말을 얻기 전에 남자가 되어야 했던
아버지로, 가장으로 늙어가는
남자의 말은

어이, 어이-
뛰어야 하는, 참아야 하는
이후에야, 아내를 부른다

* 박형준 시인의 시 「사경」에서 '거그'를 빌려옴.

능이

너는 편의점에서 사 온 구구콘을
비둘기처럼 구구, 다정하게 건넨다
절대 삼가야 한다는
편의점 캔맥주는 자주 사 들고 있었다

아이가 맛있는 걸 먹을 때
무슨 말이 더 필요할까
코로나만 조심하면
네가 준 것 다 맛있다고 했다

참나무 뿌리에 착 달라붙어 사는
곰팡이 포자가 길을 잃고
집에 콕 박힌 네게 와 기생한다

상승하던 능이
가루가 되고
반죽이 되고
미끄러져 평평해진다

몸속 어딘가 자생하는 능이

꿈꾸던 너의 숲으로 가라
너의 일을 찾으러 가라

위대한 것은 인간의 일들*
양 떼를 몰고 갈 초원
뜻이 있는 길에서
별처럼 아름다운 일을 하는 목동
못 할 것이 없을
뜻하지 않게 새로운 일도 주신다

귀한 너를 위해 뭉근하게 끓인
능이백숙
불가능한 능이
몸에 굳힐 일 없다

* 프란시스 잠의 시에서 차용함.

뜨거운 공갈빵

눈폭풍이 몰아치던 날
까마귀는 고공에서 눈과 싸운다

더 높은 고층에 틀어박힌 고양이
아련한 시 옆에 '고양이 조심'이라 적는다

까닭 모를 서사를 몰고 다니던 눈발은
토막 나고 관절처럼 이어진 아픔만 남는다

빈 발효실 바닥엔
겹쳐진 새 발자국
눈물처럼 흘러내린다

고장 난 기계보다
팔리지 않는 말들이 슬프지 않은 건
속이 비어
더 맛있기 때문이다

수평에서 사직으로 몸을 틀자
창에 눈물 맺히고

문장은 단단해졌다

피와 눈물이 느껴지길 바랐던 캣맘
찌푸린 눈으로 창문을 건드리는 고양이를 본다
눈만 운다고 쓴다

입체적인 발효
공기는 단단히 찼고
공갈빵은 부풀어 오른다

바람풍이 바담풍으로 흔들리던 날
이제야 쉬어도 좋겠다

머리털 나고 처음 쓰는 시
고양이 발볼록살에 노는 손가락처럼
어여삐 쓴다

블라인드

만취한 남자가 불같이 화를 낸다
답답한 그늘만 보인다고
블라인드는 왜 내려서
세상을 눈멀게 하느냐고

조각 시를 쓰다 어지럽힌 거실
치울 여력도 없이 밤이 흐르고
블라인드를 내리면 꺼져가던 내가 살아날 것 같다
불 훤히 켜진 거실은 무대 같잖아

카페 주차장과 마주한 창가
그늘이 내리면 적막이 신비로워진다
무대 밖에서 커튼콜을 외치는 것 같지 않아?
화가 난 남자는 늘어진 줄을 확 잡아당긴다

혈관을 조이듯
숨통을 끊듯
그녀는 공허 속에서 허우적댄다

거실을 점령한 남자

바싹 마른 꽃병 같은 그녀를 흔든다
거실을 빠져나가 거리를 질주하는 그녀
먼지가 일어나고
죽은 꽃잎이 다시 꽃처럼 피어난다

땅에 떨어져 눈부신 꽃잎 위로
그녀의 그림자가 어린다

남자는 블라인드 틈새로 밖을 엿본다

그들 사이를 떠도는 말
끝내 어디에도 속하지 못한 채
그 자리에 남긴 시

컴퓨터를 켜 놓고 깊이 잠든 그녀

사막의 시간

메니에르˚사막에서 불의 멍을 발견했다

어머니의 손마디 갈라지고
팔을 걷어붙이던 여름 햇살처럼
세상의 무게를 짊어지고 있었다

아버지의 눈빛은 바람 같았다
사막을 지키는 사람처럼 말없이 나를 지나갔다

넥타이와 구두를 벗고
모래언덕에서 자유를 향해 달리던 날

세상은 돌았고 벨은 울리지 않았다
벽에 이마를 부딪쳐 내가 여기에 있다는 걸 알았다

작은 사막여우처럼 모래 위를 당당히 걸었다

날지 못하던 새
낭떠러지 위에서 두려움 없이 날았다
사막은 나를 데려갔다

식지 않는 바위 곁으로

안개를 받아먹던 작은 전갈처럼
나는 모래결을 따라 무언가를 쓰는 존재가 됐다

불이 남긴 흔적은 내 일부였다
사막의 시간은 조금씩 움직이기 시작했다
내가 태어난 곳으로 가는 길이다

바람도마뱀의 발자국을 읽을 수 있다
나의 발도 너의 발처럼 떠날 수 없다
귀는 더 이상 나빠지지 않았지만
비틀거리는 벽을 더듬어가며 회진을 한다

말 대신 멍을 두고
나는 밤을 복기한다

* 귀 안쪽 질환으로, 어지럼증, 청력 손실, 이명 등이 중상인 병.

산토리니 저녁 석양 한 컷

허공을 그의 땅이라 읽는다

거미처럼 걷다가
허공을 짊어지고 거꾸로 매달려
한껏 그네를 타본 적이 있다

내가 쉴 때 등을 대고 눕듯
거미는 허공에 구름처럼 떠 있었다
실을 발가락에 걸고 꼼짝없이
집에 매달려 있었다

죽은 하루살이가 거미줄에 걸린
허망한 거미집
가끔 지나가던 바람이 걸려 파닥였다

거미줄을 붙잡고
그네를 타던 거미
항해를 멈춘 배가 부둣가에서 짐을 부리려 할 때
하얀 집 담장에 실을 걸고
조용히 저녁을 짓고 있었다

〈
외피만 남은 투명한 생
속 다 털어 버린 거미

나를 멈추게 하고
포물선을 그리며
노을에 실려 날아갔다

그 석양 한 컷
바람도 멈춰 바라보았다

시작과 詩作

시인이라는 꿈을 꾸니
죽었던 세포가 하나둘 깨어났다
글쟁이가 되겠다고 구멍 난 주머니를 뒤지고
기억의 서랍을 열었다 시집과 연필
빈 노트가 든 가방을 단단히 챙겼다

이제 막 새살이 돋기 시작했을 뿐인데
세상을 다 아는 양 쓰라려하며
낯선 골목을 헤매고 꽃의 이름
하나에 한 생을 떠올리며 밤늦은
거리에서 어둠을 마주했다

그런데 시는 밤새 어디로 숨어버린 걸까

세 살배기가 날아가는 새를 보고
"짹짹" 하니 그 소리를 받아 적었다
새 이름을 지어 부르자 사포, 공자
길가메시도 달려왔다

세상을 다 알지 못해도

시는 조금씩 새살을 얻었다

세상을 다 읽지 못하고 떠난 시인들
이 세상에 하나뿐인 별은
불새처럼 어디선가 깃을 치고 있을 것이다

아무도 그의 노래를 듣지 못했지만
시는 시인들 사이에서 숨을 쉬었다

다시 시작이다
詩作이다
상향등을 켠 61번 문학 버스가 환하게 달려온다

완두은하

봄비가 폴딩도어를 힘껏 열어젖히면
창살처럼 매달린 꼬투리가 단단해 보인다

루프탑에 서성이던 비바람과 보조를 맞춘다
완두콩으로 속을 가득 채운 빵을 잘 먹는 그녀는
냉소와 상큼을 섞어 말을 건넨다

온실 속의 여자
봄비 속 숨은 보라와 부스러진 제재
숨겨진 곳을 향한 관성

예리코 성˚에서 불룩하게 튀어나온
들고양이를 선선히 따라갈 수 없나 보다

젖은 몸을 이끌고
그냥저냥 이웃을 이어주는 통로를 지나
왜소한 은하에 푹 빠져 있다

그곳은 천장만 바라보는 음압실 같아
으르렁대던 통증이 무뎌지고

〈
각도와 온도, 광도를 재며
온몸으로 떠 있는 별 덕분일까
리튬이온 배터리처럼
제자리를 못 찾더니 차츰 탄성이 터진다

압정처럼 납작 엎드린 흉터
참혹했던 전쟁에서 지워진 별
공중에 매달린 세상에서 가장 가벼운 물질
나는 원소 밖으로 나가고 싶다

* 장벽과 시련의 성벽.

프록시마 b*

사야 할 이유 없이 알라딘에서 시집 한 권을 골랐다
낡은 서랍 속엔 먼지만 쌓여 있었다
흔한 별 하나도 온전히 품지 못했다
어느 날 책을 다시 펼쳤다
맨눈으로 볼까 말까 한 별의 뒷모습이 반짝이며 손끝을 스친다
구할 때는 자글자글한 문자밖에 보이지 않던 것들이
이제야 귀한 별이 되어 내 앞에 나타난다
하지만 손에 쥘수록 별빛은 멀어지고 책장 속 깊이 가라앉는다
흔하다는 말은 꺼지지 않는 거품처럼 일어나 오래도록 읽힌다는 뜻이었다
나는 입안에 고인 침을 삼키며
한 편의 시를 반으로 접어 책장 사이에 끼운다
지푸라기처럼 희미했던 별이 반짝이며 기척을 남긴다
아득한 밤을 건너온 미약한 신호가 행간을 맴돌다
책장 속에서 무중력의 섬광이 인다
문장들이 진공 속에서 터지고
나는 녹슨 바람 같고
싼물처럼 서늘한 별의 맛을 삼킨다

〈
탈출을 의미하는 문자였다
별첨해보니
기라성의 궤도에 들었다

* 우리 은하계의 흔한 항성이지만, 밝지 않기 때문에 관측하기 쉽지 않다.

마장 호수

마장호수를 내려다보던 마음이 젖는다
무엇이 서러워 하늘은 저리도 퍼붓는지

문장의 처소를 마련하지 못한 글
종이의 집은 햇살을 통과시킨다
비옷도 없이 달려온 마음
옷도 젖고, 마음도 젖는다
발가벗은 비는 누구라도 적신다

나를 바라본다는 건
그만한 거리를 둔다는 일
내 마음 너머, 호수를 본다

마장을 바라보다
문장에 마가 끼었나 싶은 마음
문득,
마의 정수를 들여다본다
깊은 고요의 물결 속
자책의 침묵이 흐른다
〈

감당 못 할 말이라면
그 누구에게도 돌리지 않으리

호수처럼,
모든 걸 품고 가만히
나도 그렇게 흐르고 싶다

내 마음을 비춰보는 거울 같은 장소
그 뜻이 깃든 우물을 지어야겠다

마정을 둔 종이집을 설계한다

이스트의 꿈

딱이지?

성형하지 못한 반죽 두 덩어리
건물 뒤 화장실 쓰레기통에 버려두고
그는 퇴근했다

머리털 하나 없던 흰 반죽이
익지 않은 꿈을 안고
휴지통 밖으로 얼굴을 내밀었다

볼일 보러온 원장님 비명에
눈을 뒤집은 반죽 두 덩이

머리를 긁적이던 영재 기사
말반죽은 더 부풀지 않고
고명처럼 박힌 눈 밑 주근깨가
모습을 감춘 후에도
키 크는 빵 반죽

봄날 햇살이 붙어
흰 목련이 터지기 직전처럼

하루만 자고 나면 빵은 키가 자란다

이내

엄마가 죽었을 때
엄마의 말씨가 남았다
이내, 이내
이내가 어미의 시간처럼 돌아왔다

밥 짓는 손끝에서
아궁이 불꽃처럼
말이 피어올랐다

그 말은 내 귀에 박히고
내 입에서 다시 불려졌다
나는 엄마의 사라진 시간을
아로새긴다

불꽃처럼, 이내

비단향꽃무

밤사이 비는 기척 없이 떨어진다
차 문이 한 번 더 닫히고 피리의 흐름이 지나간다
새의 날갯짓, 고추잠자리의 고요 속에서
비단향꽃무는 숨 쉰다

너는 향기 없이
흙먼지에 덮인 채
바람에 실려 흔들리면서도
자리를 떠나지 않는다

향이 없다고
존재까지 지워지진 않는다
그 꽃은 아무것도 아니었고
그저 날리는 먼지였지만
우리는 거기서
비단을 짓고 향기를 묻었다

기대는 무너지고
언어는 무색해지지만
너는 여전히 거기 있다

내 안에 남은 기억처럼

비단도 없고
꽃도 없고
향기도 없다
고운 한 인간만 남는다

너를 크고 작게 나누고
서열을 매긴 건
세상의 법칙
혹은 나의 집착

그리움은 시간의 끝자락에서
이름 없는 꽃으로 피어난다
우리는 그저
다시 그리워할 뿐이다

되풀이되는 별밤을 뒤적이며

살갑게 다가오는 그의 시집
급히 책장을 넘기자 지리산의 언어가 밀려왔다
산죽 아래 스며든 문장에 커지는 동공
이름 없는 풀꽃이 불러낸 페이지들

내 시는 좀처럼 숨을 쉬지 못했다
창고 구석의 빛바랜 그림처럼
세상의 물길과 단절된 연못의 물고기처럼
텅 비어 있다기보다 웅어리졌다

별밤을 가득 싣고
바퀴를 굴려 도착한 어울마당 뒤풀이
먼 길이었으나 먼 길 같지 않았다

그는 별을 세지 않는다고 했다
밤을 흘려보내듯 걸어보라 했다
꿈이 날아가기 전 머리맡 종이에 옮긴다고 했다
그렇지 않으면 시는 사라져 버린다고
나도 그랬다 본능처럼 남긴 메모들
흘려보낸 숨들을 붙잡는 안도감

〈
잔이 기울며 내 안의 감정도 훅 올라왔다
어차피 "시인은 다 눈먼 자의 꿈, 아니겠나?"
입김 한 번에 부서지는 추어튀김
먹장어를 움켜쥐듯
미끄러지는 문장 하나 간신히 붙잡았다

❈해 설

안주와 탈주 사이에서 숙성되는 서정

황정산(시인, 문학평론가)

1. 시작하며

서금숙의 시는 '살아내기'와 '떠나기' 사이의 미묘한 진동 속에 있다. 그의 이번 시집 『나는 나를 오래 바라보았다』는 정주의 규범과 유랑의 욕망 사이를 부유한다. 시인은 반복된 일상과 누적된 기억, 사랑과 고통이라는 익숙한 자리에 깊이 몸을 담그는 동시에, 그 자리로부터의 자유를 꿈꾸며 탈출을 감행하는 시적 화자를 내세운다. 이 시집은 낡은 공간과 그 안에 스며든 몸의 체취, 빵이 부풀 듯 숙성되는 감정의 시간 그리고 존재의 경계를 넘어서는 시적 상상으로 가득하다. 서정은 단지 감상에 머물지 않고 구체적 이미지와 사회적 맥락 속에서 확장되며 탈주를 위한 내면의 사유로 기능한다. 이 시집에서 시적 화자는 담과 집으로 대변되는 안주의 공간에 머물면서도, 동시에 그 경계를 넘어서려는 탈주의 충동을 품고 있다. 마치 발효되는 빵처럼, 화자의 내면은 시간의 숙성 과정을 거쳐 점차 부풀어 오르며 자신만의 형태를 갖추어 간다.

  이렇게 보았을 때 서금숙의 시집 『나는 나를 오래 바라보았다』는 고정된 공간과 움직임의 욕망 사이에서 팽창하는 서정의 기록이다. 시인은 일상의 소재들 이를테면, 빵 굽기, 도서관 가기, 동네 산책하기 등을 통해 존재의 본질적 질문들을 던진다. 이 글 제목의 '숙성되는 서정'이란 말은 단순한 감정의 과장이 아니라, 압축된 일상 속에서 서서히 발효되어 나오는 존재 의식의 팽창을 의미한다. 시인은 안주하고 싶은 마음과 떠나고 싶은 마음 사이에서 자신을 오래 바라보며, 그 응시 속에서 새로운 자아를 발견해 나간다.

2. 집과 담의 이미지 : 정주의 공간 그 안의 균열

  이 시집에서 집과 담은 중요한 중심 이미지다. 서금숙의 시에서 집과 담은 단순한 물리적 공간을 넘어 안주의 터전이며 존재의 근거지이다. 다음 시가 이를 잘 보여준다.

새벽 여섯 시, 고양이 세수를 하고

사람들보다 먼저 마음을 끌고 나왔다

생전 가보지 않은 구석을 향해

정독도서관으로 달렸다

창 쪽 자리가 좋았다

빛이 지나치게 쏟아지는 곳

누군가 꺼리는 그 자리에서

감정의 얕은 수면 아래 일렁임을 보고 싶었다

비늘이 돋기 전

미꾸라지처럼 나를 움직이고 싶었다

그곳은 지대가 높고

마음은 깊이 가라앉았다

줄을 서다 밀리면 사일구도서관에 들렀다

천오백 원짜리 잔국수를 먹고

그늘진 책을 펼쳤다

꼭 해야 할 공부는

늘 내일로 미뤄둔 약속처럼 뒷전이었다

경복궁 담벼락을 따라 걷는 그림자가

다시 나를 정독도서관으로 데려갔다

저녁 무렵이 되어서야 흙탕물은 가라앉았다
물속에서 나를 읽어주는 빛,
푸르던 정독도서관

멜랑콜리를 흔들며 마음을 읽었다
나는 나를 오래 바라보았다

-「정독도서관」 전문

이 시에서 '정독도서관'은 단순한 물리적 장소가 아니라, 감정의 출렁임을 정화하고, 존재의 중심을 붙잡아두는 근거지이다. 그곳은 외부의 집이 아니라 내면의 집이며, 상처와 흔들림 속에서 자기를 읽고 붙잡을 수 있는 자아의 고향 같은 곳이기도 하다. 시인은 정독도서관을 통해 현실의 무게로부터 탈주하면서도, 자아의 진정한 정박지를 다시 찾아가는 여정을 보여준다. 이 시는 그렇게 안주와 자기 탐색이 만나는 시적 공간으로 정독도서관을 제시함으로써, 현대 사회를 사는 불안 속의 인간들이 찾아야 할 '마음의 안주처'로서의 도서관을 떠올리게 한다.

특히 "저녁 무렵이 되어서야 흙탕물은 가라앉았다/물

속에서 나를 읽어주는 빛"이라는 6연은 시 전체를 포괄하는 핵심적인 정서를 드러내는 대목으로써, 정독도서관이라는 공간이 어떤 의미에서 정화의 장소로 기능하고 있음을 잘 말해주고 있다. '흙탕물'은 감정의 혼탁함, 존재의 불투명함을 비유하며, '빛'은 그러한 혼탁함을 비추고 가라앉힌 뒤에야 자기 자신을 응시할 수 있게 해주는 가능성을 의미한다. 결국 "멜랑콜리를 흔들며 마음을 읽었다/나는 나를 오래 바라보았다"는 마지막 구절은, 도서관이라는 공간이 화자에게 자신을 응시할 수 있는 거울이 되었음을 말해주는 동시에, 그 거울 속에서 자신을 받아들이고 안주하는 것으로 마무리되는 것을 보여준다.

하지만 이러한 안주의 공간에노 항상 균열이 생겨난다.

누군가의 얼굴이 벽돌 속에 남아 있다
햇빛 머금은 담장에 기대어
울던 입술의 온기까지
구름은 무심히 흘러가고
작은 저지는 생명의 첫맛을 준다
우리가 고요히 마시는 우유는 사랑이다
이곳엔 고욤나무 그림자가 머문다

〈

어느 손이 새긴 흔적일까

금 간 사이로 수선화가 피어난다

그 알뿌리 아래 오래된 비밀

노란 수선화는

사랑의 시작, 기다림의 끝을 알린다

집이 서서히 어두워지고

벽은 말 대신 균열로 대답한다

돌보다 가벼운 마음으로

그녀는 천장을 자유롭게 오르내린다

손바닥만 한 홀트를 움켜쥔 채

로프에 매달려 피 말리는 투혼을 펼친다

벽돌은 연대를 기억하고

물 한 방울 적신 손가락으로

떨어진 몸들의 궤적을 새긴다

오랜 세월 바라보던 붉은 벽돌집

그녀의 손바닥 문신을 품은 집

나는 그 품에 안기고

무게는 나를 안는다

- 「벽이 되어 버린 부인」 전문

  이 시는 '붉은 벽돌집'이라는 구체적 공간을 매개로 하여, 한 여성의 삶과 기억, 사랑, 기다림, 고통, 해방의 서사를 다층적으로 펼쳐내는 작품이다. 이 시는 집과 벽이라는 고정된 구조물에 생명의 흔적과 감정을 새기면서, 고정된 것과 움직이는 것, 무게와 가벼움, 안기고 안기는 존재 사이의 관계를 사유하게 만든다. 여기에서 붉은 벽돌집은 단순한 건축물이 아니다. "누군가의 얼굴이 벽돌 속에 남아 있다"는 표현은 집이라는 공간이 단순히 거주의 장소가 아니라 삶의 흔적들이 스며든 기억의 저장고임을 말해준다. 또한 집은 "울던 입술의 온기"와 "기다림의 끝"을 간직한 추억의 장소이자, 몸과 몸이 부딪혀 남긴 욕망의 흔적이 새겨진 곳이기도 하다.

  하지만 이 시의 서정적 주체는 이러한 기억의 공간에 안주하는 데 만족하지 않는다. "그녀는 천장을 자유롭게 오르내린다/손바닥만 한 홀트를 움켜쥔 채/로프에 매달려 피 말리는 투혼을 펼친다"라는 구절에서처럼 고정된 구조의 억압을 벗어나려는 탈주의 몸짓을 멈추지 않는다. 이러한 서정적 주체의 노력에 벽도 화답한다. "벽돌은 연대를 기억하고/물 한 방울 적신 손가락으로/떨어진 몸들의 궤적을 새긴다"에서처럼 벽은 균열로 대답하고 시인이 잉크로 시를 쓰듯 벽은 자신의 몸에 생긴 균열의 흔적으로 자신의 내밀한 말을 건넨다. 서정적 주체는 벽 안에 안주하지만 또 한편 벽의 균열을 통해 자신을 가둔 벽과 연대한다. 안주에서 탈주로 나아가는 정신적 고투가 잘 표현된 대목이다.

이렇듯 정주의 공간은 언제나 균열과 붕괴의 전조를 품고 있다. 다음의 「버려진 집」이 좀 더 분명하게 이를 보여준다.

> 사람을 까먹었다
> 편안한 잠을 까먹었다
> 까먹은 기억을 까먹었다
>
> 출입 금지 테이프가 감긴 집은 빈 상자다
> 커다란 짐짝처럼 입을 막아 버렸다
>
> … 중략 …
>
> 개가 짖어대던 골목
> 버려진 화분이 버려진 집을 지킨다

칼과 도마가 사라졌어도 불안이 남아 있다
진혼곡이 흐르는 영혼 없는 그림자
토닥이는 그릇 소리, 옹기종기 밥 먹는 소리
   라거리며 넘나들던 셋방 사람들의 웃음소리
난닝구 구멍을 뚫고 날아온 술기운 속에
남아 있어야 할 이야기도 사라졌다

사람이 나가고 물도 나가고 전기도 나가고
컥 하고 뱉어낼 가래침조차 없다
골목까지 찾아오던 트럭 야채 장수의 목청도 없다

더 작은 상자 속으로 실려 간 사람들
집에 매달린 믿음을 놓아 버렸다

버려진 상자 안에 집은 없다

                     - 「버려진 집」 부분

이 시에서 정주하던 삶은 '출입 금지' 테이프와 함께 금이 가고 비워진다. "편안한 잠을 까먹었다"는 고백은 더 이상 안식의 공간이 아님을 상기시키고, "집에 매달린 믿음을 놓아 버렸다."라는 한탄은 소유하지 못한 존재의 불안을 떠올리게 한다. 버려진 그래서 "출입 금지 테이프가 감긴 집"은 법적으로나 물리적으로 완전히 폐쇄된 공간이며, 존재의 안주를 보장할 아무런 힘을 가지고 있지 않다. "버려진 화분", "버려진 상자"라는 사물의 이미지가 이를 대신 표현해 주고 있다.

시의 후반 "개가 짖어대던 골목", "칼과 도마", "토닥이는 그릇 소리", "셋방 사람들의 웃음소리" 등 사라진 일상의 소리들을 나열하여 그것들의 부재가 얼마나 더 스산하게 느껴지는가를 우리에게 강조하고 있다. 이 생생했던 일상의 흔적은 모두 사라졌고, 그 자리를 안주할 공간의 소거와 방랑의 불안이 대신한다. 시인은 이 "버려진 집"을 통해 우리의 일상이 얼마나 불안한 안주에 기대고 있는가를 잘 보여주고 있다. 결국, "소유했던 집은 없다"는 구절은 이 모든 풍경이 과거일 뿐 아니라, 더는 자신에게 '집'이라 불릴 수 있는 안주의 세계가 없음을 선언한다. 이것은 곧 정주의 의미, 정체성의 근거가 해체되고 있음을 말해주는 것이기도 하다. 이렇게 볼 때, 이 시는 단지 한 폐가에 대한 기록이 아니라, '집'이라는 장소를 통해 인간 존재의 근거, 공동체의 해체, 기억의 소멸을 사유하게 하는 작품이다. 또한 이 시는 사라진 자리의 구체성을 보여주는 것이 아니라 사라지고 없는 것들의 구체성을 되살리는 방식을 사용하여 한 장소가 사라져가며 생기는 빈자리를 더 크게 응시하게 함으로써

'없음'의 정동을 좀 더 강렬하게 표현하는 효과를 내고 있다.

3. 탈주를 위한 숙성의 시간: 빵과 시간, 사랑의 서사

서금숙 시의 특징적 메타포는 '빵'이다.「팬닝」,「몸빵」,「브레첼」,「신자유주의 빵집」 등에서 빵이 등장하는데 이때 빵은 단지 음식이 아니라 시인의 정서를 드러내는 매개이며, 인생의 성숙을 구워내는 시간에 대한 은유다. 이를테면, 다음 시에서의 '빵'이 그것을 잘 보여주고 있다.

　　너의 손이 무게를 달았다
　　밀가루, 이스트, 어제의 마음까지

　　팬 위에서 원을 그릴 때마다
　　시간이 돌고
　　생각은 부풀어 오른다

　　숨기려던 마음이
　　증기처럼 먼저 새어 나올 때

〈

옆구리가 터진 빵은

속내를 삼키지 못하는 사람에게

늘 터져버리는 사람에게 줘야지

아니면

한입 베어 물고

배시시 웃는 당신에게

나는 팬 위의 반죽

너는 주걱을 쥔 심판

네 손목이 흔들릴 때마다

터지지 않기를 바라며 속을 눌러 앉힌다

-「팬닝」 전문

 빵을 굽는 과정을 통해 시인은 자신의 내면의 감정과 인간관계의 변화를 섬세하게 그려내고 있다. "너의 손이 무게를 달았다/밀가루, 이스트, 어제의 마음까지"라는 시의 첫 구절은 '빵 반죽'이 단순한 음식 재료가 아니라 감정의 덩어리로 제시된다는 점에서 중요하디. "어제의 마음까지"를 재료로 넣는다는 표현은 기억된 감정이나 관계의 흔적이 지금 여기에 그대로 반죽 되어 있다는 뜻이다. 이는 시간이 과거에서 현재로 이어지는 감정의 연속성을 의미하며, 빵 반죽은 곧 시인 자신의 심리적 상태에 대한 비유이다. "팬 위에서 원을 그릴 때마다/시간이 돌고/생각은 부풀어 오른다."는 구절은 내면이 숙성되는 시간, 감춰진 진실이 "숨기려던 마음이/증기처럼" 새어 나오는 과정을 보여준다. 빵의 '옆구리부터 터진다'는 이미지는 사랑이 상처를 통해 드러나는 방식과 겹친다. 빵이 부풀어 오르는 것처럼, 화자의 내면도 시간의 작용을 통해 점차 확장된다. 결국, 이런 빵의 이미지는 폭력과 권태 속에서도 굽고 익는 성숙의 과정과 빵을 건네는 사랑의 힘으로 이어진다.

다음 시에서의 '빵'은 좀 더 사회적인 의미를 품고 있다.

불 꺼진 오스람 전구, 희미한 그림자
빵의 온기를 찾아 헤맨다

조금 전, 일그러진 뉴스 화면 속
빵을 사려던 남자가 아스팔트 위에 쓰러진다
우크라이나 여자는
놀란 해바라기처럼 울음을 터뜨린다

〈

저 폭격 잔해로 가득한 골목까지 빵을 전할 수 있을까
손을 머리 위로 번쩍 올리며
아무도 손을 내리지 말라고 외치는 순간
그는 어두운 벙커로 뛰어들어간다

그 손에 쥐어진 브레첼
매듭처럼 엉켜 있는 데칼코마니의 형상

음습한 날을 택한 빗물은 달을 쫓는다

나무 막대기 같던,
굽은 바게트의 등을 손바닥으로
눌러 펴듯
적병에게도 따스한 빵을 건넨다
뭉클한 한 조각이
저녁의 마음을 사로잡는다

그날 밤, '독일 병정'이라 불리며
쉬지 않고 어둠을 굽는다

마침내, 별빛 조각을 나누는

조릿대의 꿈

손을 꼭 잡고 구운 하트,

텅 빈 공중으로 날아오른다

- 「브레첼」 전문

  이 시에서는 전쟁과 폭력의 세계 속에서도 '빵을 건넨다'는 행위가 하나의 저항이자 치유로 제시된다. 이 시는 자연스럽게 지금 이 시대의 참혹한 전쟁터인 우크라이나를 연상시킨다. 빵을 사려다 쓰러진 이는 민간인 희생자일 것이고, 해바라기처럼 우는 여성은 해바라기를 국화로 하고 있는 우크라이나의 국가적 슬픔을 대변한다. 그런 현실에서도 적병에게 빵을 건네는 따스한 손길이 존재한다. "굽은 바게트의 등을 손바닥으로/눌러 펴듯/적병에게도 따스한 빵을 건넨다"라는 장면이 그것이다. 바게트를 펴는 행위는 왜곡된 상황을 고치려는 의지이자, 폭력 대신 연민을 선택하는 행위이다. 적병에게조차 빵을 건네는 이 모습은 시 전체의 윤리적 정수이며, 인간성을 지켜내는 마지막 보루이기도 하다. "뭉클한 한 조각"은 감정의 교류이며, 상대의 마음을 움직이는 힘이기도 하다. 여기에서 따스한 이미지를 가진, 독일 빵 '브레첼'은 단지 일상적인 음식이 아니라 생과 사, 고통과 위로를 가르는 기호가 된다. 마침내 하트 모양을 가진 이

빵은 공감과 연대, 희망과 사랑의 상징으로 승화된다.

다음 시에서의 '빵'은 시인의 시작 과정의 숙성을 생각하게 만든다.

    선자령에서 맑은 바람을 실컷 들이마셨다
    막걸리 한 잔에 취한 이백처럼

    나는 그저 삼십 년 빵을 구워 온 사람
    뜨거운 화덕 앞에 와서
    한 줄 시를 쓸 수 있었다

    시와 술은 숙성될수록 깊어지는 법
    막국수를 곁들여 주문했더니
    장인의 손길을 거친 면발이 툭툭 끊어진다
    사람 다루는 일도 다르지 않겠지

    어딜 가나 돈키호테형
    시와 술 앞에서는 머뭇거리는 사람
    퇴고에 퇴고를 거듭하며
    궁하면 통하는 시 한 줄을 갈망할 뿐

    한 줄 문장에

한 생을 건네주고 싶은 마음

　　불확실이란 가장 확실한 영감
　　구슬땀 흐르는 얼굴 위
　　태양이 선물한 하얀 소금 결정

　　그저 간이 딱 맞는
　　맛있는 빵 같은 시를 쓰고 싶다
　　　　　　　　　　　　　-「몸빵」 전문

　이 시는 제목 「몸빵」이 암시하듯, 시 쓰기의 정신적·육체적 고통과 인내의 과정을 빵 굽는 노동에 비유하며, 창작의 본질을 깊이 성찰하는 작품이다. 시인은 자신을 "삼십 년 빵을 구워 온 사람"이라 칭하며, 단지 빵 굽는 장인으로서의 삶을 살아온 것이 아니라, 그 치열한 체험이 곧 시 쓰기의 뿌리가 되었음을 고백한다. 이렇게 볼 때, 여기서 빵은 단순한 음식이 아니라, 시가 되기 위한 '반죽'이자 '숙성의 시간'을 상징한다. "시와 술은 숙성될수록 깊어지는 법"이라는 구절은 시인이 가진 숙성의 미학을 직접적으로 드러낸다. "불확실이란 가장 확실한 영감"이라는 역설적 표현에서 보듯, 화자는 불안정한 상태를 창작의 동력으로 전환시켜 발효와 굽는 과정을 거쳐 빵을 만들 듯 그것의 숙성을 기다린다. 숙성의 시간은 곧 자기 성찰의 시간이기도 하다. 그런 시간을 거쳐 만들어질 시를 시인은 "그저 간이 딱 맞는/맛있는 빵 같은 시"라고 정의한다. 이는 시에 대한 자신의 이상일 것이다. 여기서 "간이 딱 맞는" 시란, 감정과 언어, 형식이 완벽한 균형을 이룬 작품을 뜻한다. 자극적이지 않으면서도 깊이 있는, 누구나 한 조각 베어 물고 고개를 끄덕일 수 있는 그런 시. 시인은 그것을 바라며 "궁하면 통하는 시 한 줄"을 오늘도 구워내고 있다.

4. 맺으며

서금숙의 시집 『나는 나를 오래 바라보았다』는 안주와 탈주 사이에서 발효되는 서정의 풍경을 보여준다. 화자는 집과 담장으로 상징되는 일상의 공간에 뿌리를 내리면서도, 동시에 그 경계를 넘어서려는 꿈을 품고 있다. 이러한 양가감정은 빵이 부풀어 오르는 것처럼 시간의 작용을 통해 점차 확장되고 깊어진다.

시인이 보여주는 이 '부풀려진 서정'은 인위적인 과장이나 감상적 몰입이 아니라, 일상 속에서 서서히 발효되어 나오는 존재 의식의 자연스러운 팽창이다. 이런 숙성의 시간을 통해 시인의 정신은 무거운 현실을 딛고 가벼움과 자유로움을 향해 비상한다. "불꽃으로 남을 표징"을 남기고자 하는 「홀로그램」에서의 언표처럼 시인은 시가 실체 없는 이미지에 불과할지라도, 빛의 반사 속에서 진실을 남기고자 하는 시적 의지와 서정의 집념을 포기하지 않는다.

  서금숙의 시는 안주와 탈주, 기억과 환상의 간극 사이에서 서정의 부풀림을 시도한다. 그것은 불안정하고 미끄럽지만, 언어를 통해 굽고 익히며, 삶의 질긴 감정을 건너는 숙성의 서정이다. 숙성된 빵이 마침내 완성되듯, 시인의 서정도 시간과 경험의 발효를 통해 고유한 향과 맛을 갖춘 성숙한 형태로 완성되어 간다. 그리고 그 서정은 다시 '나를 오래 바라보는' 시선으로 되돌아온다. 이 과정은 자기를 안고, 다시 자기를 떠나는 시간 속에서 완성되는 시 쓰기의 궤도를 보여준다. 또한 이는 단순한 자기 성찰을 넘어서, 안주와 탈주 사이에서 끊임없이 부풀어 오르는 자아를 발견하는 과정이기도 하다. 시인은 고정된 정체성을 거부하고 계속해서 변화하고 성장하는 존재로서의 자신을 받아들인다. 그 수용 속에서 진정한 자유와 해방의 가능성이 열린다. 이 시집은 바로 그 가능성의 시험장이고 그 실험의 기록이다.

상상인 시인선 078

나는 나를 오래 바라보았다

지은이 서금숙
초판인쇄 2025년 8월 5일 **초판발행** 2025년 8월 12일
펴낸곳 도서출판 상상인 **편집주간** 황정산 **펴낸이** 진혜진
표지디자인 최혜원 **기획·마케팅** 전은빈 최유림 노혜림 정현수
책임교정 종이시계 **편집** 세종PNP
등록번호 제572-96-00959호 **등록일자** 2019년 6월 25일
주소 06621 서울시 서초구 서초대로74길 29, 904호
전화번호 02-747-1367, 010-7371-1871
팩스 02-747-1877 **전자우편** ssaangin@hanmail.net

ISBN 979-11-7490-002-9 (03810)

값 12,000원

* 이 책은 전부 또는 일부 내용을 재사용하려면 반드시 저작권자와 도서출판 상상인의 동의를 받아야 합니다.

* 이 도서의 국립중앙도서관 출판시도서목록(CIP)은 서지정보유통지원시스템 홈페이지(http://seoji.nl.go.kr)와 국가자료공동목록시스템(http://www.nl.go.kr/kolisnet)에서 이용하실 수 있습니다.